¿POR QUÉ, DIOS?

*Palabras Tranquilizantes
para Tiempos Caóticos*

By
Charles R. Swindoll

BETANIA
Un Sello de Editorial Caribe

Betania es un sello de Editorial Caribe, Inc.

© 2002 Editorial Caribe, Inc.
Una división de Thomas Nelson, Inc.
Nashville, TN-Miami, FL, EE.UU.
www.caribebetania.com

Título en inglés: *Why, God?*
© 2001 por Charles R. Swindoll, Inc.
Publicado por W Publishing Group

A menos que se señale lo contrario, todas las citas bíblicas
son tomadas de la Versión Reina-Valera 1960
© 1960 Sociedades Bíblicas Unidas en América Latina.
Usadas con permiso.

Traductor: Rubén de Peña

ISBN: 0-88113-718-9

Reservados todos los derechos.
Prohibida la reproducción total
o parcial en cualquier forma,
escrita o electrónica, sin la debida
autorización de los editores.

Printed in Colombia

Dedicatoria

A todos los que murieron
como resultado de
las atrocidades que se cometieron
el 11 de septiembre de 2001...

y a todos los que viven
privados de la compañía
de sus seres queridos.

Contenido

CAPÍTULO UNO
¿Por qué, Dios?   1

CAPÍTULO DOS
Nos pusieron de rodillas   6

CAPÍTULO TRES
Una crónica del caos   10

CAPÍTULO CUATRO
La firmeza del fundamento   15

CAPÍTULO CINCO
Nuestro pronto auxilio   21

CAPÍTULO SEIS
¡No tema!   27

Capítulo Siete
Enfrentar un futuro incierto 36

Capítulo Ocho
Identifique al enemigo 40

Capítulo Nueve
Órdenes de marcha 48

Capítulo Diez
Una transfusión de valor 56

Capítulo Once
El último mandamiento 76

Epílogo 82

Bendición final 87

Oh Jehová…
En la multitud
de mis pensamientos
dentro de mí,
Tus consolaciones alegraban
mi alma.
—Salmo 94.19

Uno

¿Por qué, Dios?

*¿Por qué estás lejos, oh Jehová,
y te escondes en el tiempo de la tribulación?*
—Salmo 10.1

LA FECHA, EL 11 DE SEPTIEMBRE DE 2001, ha quedado grabada para siempre en nuestra memoria nacional. Esa mañana se recordará como el acontecimiento inolvidable cuando el tiempo se detuvo mientras contemplábamos horrorizados lo imposible. Con desmesurada y premeditada maldad, terroristas bestiales apuñalaron repetidamente el corazón de nuestra nación: El World Trade Center [Centro Mundial del Comercio] de la ciudad de Nueva York y el Pentágono en Washington. Su maldad también se ensañaba sobre un tranquilo campo en el sudoeste de Pennsylvania. Miles de desprevenidos civiles fueron brutalmente asesinados. Nuestros compatriotas estadounidenses se desangraron y murieron. Algunos de inmediato y otros lenta y dolorosamente, pero todos inesperadamente. Otros escaparon valientemente con quemaduras, entumecimientos y fracturas. No creo que el infierno esté lo suficientemente ardiente para recibir a los cobardes que perpetraron estos brutales y horrendos crímenes contra víctimas inocentes. Que el dolor de su castigo eterno sea constante y que no tengan paz.

Y exclamamos: «¿Por qué, Dios?»

He estudiado la Guerra de Independencia y profundamente la Guerra Civil. He pasado por la Segunda Guerra Mundial, la Guerra de Corea, la Crisis del Líbano, la Guerra de Vietnam y la Guerra del Golfo Pérsico. He visto a endrogados *hippies* en sus comunidades, a estudiantes furibundos causando disturbios en recintos universitarios y a líderes mentirosos en el escándalo de Watergate, cuyo impacto provocó una estrepitosa renuncia presidencial.

Me he ruborizado por actos inmorales y de poca ética cometidos por líderes religiosos, traidores, políticos e incluso presidentes. He sido testigo de odio racial, de hipócritas farsantes que me han dado ganas de vomitar, vadeado por asesinos en serie, crímenes masivos, disturbios en las cárceles, violencia doméstica y abuso sexual infantil. Estos ojos han visto fotografías de víctimas del holocausto del régimen nazi y torturas trágicas a prisioneros de guerra.

«¿Por qué, Dios, por qué?»

He visto películas de desembarcos en Iwo Jima, Tarawa, Guadalcanal y de la costa de Normandía en *D-Day* [el día de la invasión aliada en esa región francesa el 6 de junio de 1944]. Exclamé de júbilo por el desplome de la Cortina de Hierro [La Unión Soviética]. También temblé de espanto cuando escuché los escalofriantes relatos del Khmer Rouge en los campos de masacre de Camboya, totalmente minados, dejando tras su paso montones de calaveras.

En el transcurso de mi vida han sucedido asesinatos presidenciales, asesinatos por prejuicios raciales, asesinatos políticos y suicidios.

He examinado las fotografías de las horribles explosiones ocurridas en Hiroshima y Nagasaki, en el puerto de Texas City, en la Villa Olímpica en Atlanta , en el Edificio Federal de la ciudad de Oklahoma, en las cafeterías y las calles de

Israel y en el aire cuando se desintegró el trasbordador espacial *Challenger*.

Y con lágrimas en los ojos he vuelto a preguntar: «Oh, Señor, ¿por qué?»

Con mis sesenta y siete años de edad en esta tierra pensé que lo había visto todo... hasta el 11 de septiembre de 2001. Ese día tuve una nueva perspectiva sobre la depravación total de la humanidad. Y, como resultado, un nuevo enfoque de gratitud por los dones de libertad y por la vida en sí —por el amor de mi esposa, mi familia y mis amigos— y por la capacidad del espíritu humano de no desmayar y recuperarse ante la tragedia, sin importar el costo o el sacrificio.

Ahora estamos en guerra, una vez más, como nación. Nuestro enemigo es diabólico y engañoso. Aunque se le ha dado el epíteto atemorizante de «terroristas», no son más que unos cabales cobardes. Hacen lo mejor posible para intimidarnos con repetitivos y salvajes actos de agresión con el objetivo de paralizarnos de miedo. El 11 de septiembre atestiguamos las ilimitadas profundidades de bajeza adonde pueden llegar con el propósito de destruirnos. Pero los Estados Unidos ni temerá ni caerá. Ningún costo o sacrificio se considerará muy alto para lograr el objetivo.

Porque sabemos que al final Dios siempre gana, sabemos que vamos a ganar. Tal y como un valiente hermano en la fe escribió hace más de quinientos años: «Dañarnos no podrá, pues condenado es ya».

Así, sigamos a nuestro comandante en jefe terrenal con fidelidad y lealtad. Desafiemos el escarnio del enemigo con resolución implacable. Arrodillémonos delante de nuestro soberano Señor y Dios con fe renovada. Confiemos en Él mediante nuestro Salvador Jesucristo, con corazones arrepentidos, confiando plenamente y con absoluta dependencia. Al hacer estas cosas podemos cerciorarnos de cuál será el resultado, tal como el salmista dijera en cierta ocasión: «En Dios haremos proezas» (Salmo 60.12).

No obstante, en lo más recóndito de nuestros corazones susurramos: «¿Por qué, Dios?»

Dos

Nos pusieron de rodillas

Oh Dios, socorro en el ayer
Y hoy nuestro defensor.
Ampáranos con tu poder
Y tu eternal amor.
—Isaac Watts

EL TIEMPO, CUAL PERPETUA CORRIENTE DE AGUA, arrastra a todos sus hijos. Como nunca antes en esta generación, reconocemos que nuestra protección y fortaleza dependen de Dios. Aunque se sacudan los montes, aunque los puentes se desplomen, aunque los túneles se destruyan, aunque se hundan los barcos, aunque se pierdan vidas, aunque la guerra se acreciente, aunque haya terroristas y enemigos en medio nuestro, no temeremos. Nuestra resolución es firme porque nuestro refugio está cimentado en el eterno fundamento del Dios viviente.

En el cuarto volumen de su obra inmortal, *Lincoln in the War Years* [Lincoln en los años de la guerra], el autor Carl Sandburg narró los eventos que no solo condujeron al asesinato del presidente decimosexto de nuestra nación, sino también a los hechos que siguieron. Sandburg en verdad escribió un magnífico relato, una verdadera joya literaria. A los que les gusta la historia saben que el asesinato de Lincoln se perpetró el 14 de abril de 1865. Puede que no recuerde que fue un Viernes Santo. El presidente fue declarado oficialmente muerto el día siguiente, el 15 de abril, la víspera del Domingo de Resurrección.

Cuando Sanburg tomó su pluma para escribir el capítulo setenta y cinco, buscaba un título que encajara adecuadamente de acuerdo a la biografía resumida de Lincoln que intentaba plasmar. Al hacerlo, acudió a un antiguo y sencillo proverbio que a menudo se usaba entre los leñadores. El título que escogió para el capítulo fue: «La medida del árbol se toma mejor cuando está en el suelo». Al medir Sandburg el árbol, no sólo escribió sobre el recién difunto presidente, sino

¿POR QUÉ, DIOS?

también acerca de los predicadores que impartían sus sermones el Domingo de Resurrección que transcurrió después de la muerte de Lincoln. Escribió:

> El sábado después del Viernes Santo, miles de sermones se descartaron por considerarse inapropiados para el Domingo de Resurrección. Un nuevo sermón se tenía que escribir o improvisar después que la noticia de la muerte del Presidente se supo el sábado por la tarde. El pastor que no estuviera en sintonía con el sentimiento de duelo nacional, su congregación lo recriminaba.
>
> En las grandes catedrales de piedra de las ciudades, en las modestas iglesias de madera de las pequeñas ciudades, en las pequeñas iglesias de tronco de los cruces campestres, en las capillas de los hospitales y por lo menos en una prisión estatal, en los barcos de la Marina de Guerra y en los campos militares, los sermones del Domingo de Resurrección hacían memoria del difunto Presidente.[1]

Un desbordamiento de emociones emanaba de miles de

púlpitos. De costa a costa se escuchaba una nota de duelo en cada púlpito.

Pensaba mientras releía ese acontecimiento: *es increíble cómo la historia se repite.* No fue un sábado cuando ocurrieron los eventos que nos pusieron de rodillas. Y el domingo siguiente no fue el Día de Resurrección, pero le puedo asegurar que los predicadores de todo el mundo se las ingeniaban para cambiar sus sermones para el domingo 16 de septiembre de 2001. La serie que impartía en ese entonces sobre la vida del apóstol Pablo era totalmente irrelevante a raíz de los acontecimientos. Al igual que todos los otros pastores de todo el mundo, cambié de rumbo e inmediatamente comencé a imbuirme en los eventos que acaecían con la esperanza de encontrar algunas palabras de consuelo para nuestra caótica época. Las encontré en el libro de los Salmos.

---

[1] Carl Sandburg, *Lincoln in the War Years*, Harcourt, Brace and Company, 1939.

Tres

Una crónica del caos

> He venido a ser como un vaso quebrado …
> El miedo me asalta por todas partes.
> —Salmo 31.12-13

No fue solamente un acto malintencionado de terrorismo el que nos sacudió el 11 de septiembre; fueron varios. Para empeorar las cosas, estos ataques se llevaron a cabo con la secuencia de una cuidadosamente planeada estrategia de destrucción brutal. Y antes de que el humo se disipara, nos enteramos con horror de que había otros planes de ataque a nuestros líderes nacionales que, gracias a Dios, no llegaron a materializarse ese mismo día. Tiemblo, literalmente tiemblo, cuando hago una pausa para pensar cuánto más terrible pudo haber sido si los planes dia-

Una crónica del caos

bólicos se hubieran desatado cabalmente, tal y como mentes malsanas y malévolas lo habían concebido originalmente.

Si resumo de forma acelerada un segmento de dos horas y treinta y un minutos que forma parte de los acontecimientos de aquella mañana, usted tendrá suficiente información para recordar lo sucedido aquel terrible momento. Las horas a las que me refiero se sitúan en el horario estándar del centro de los Estados Unidos.

A las 6:58 A.M. el vuelo 175 de United Airlines salió de Boston hacia Los Ángeles con 56 pasajeros, 2 pilotos y 7 azafatas.

Un minuto más tarde, a las 6:59 A.M., el vuelo 11 de American Airlines salió de Boston rumbo a Los Ángeles con 81 pasajeros, 2 pilotos y 9 azafatas.

Dos minutos más tarde, a las 7:01 A.M., el vuelo 93 de United Airlines despegó de Newark, New Jersey, con destino a San Francisco, con 38 pasajeros, 2 pilotos y 5 azafatas.

Nueve minutos después, a las 7:10 A.M., el vuelo 77 despegó del Aeropuerto Internacional de Dulles rumbo a Los Ángeles con 58 pasajeros, 2 pilotos y 4 azafatas.

Treinta y cinco minutos después, a las 7:45 A.M., el vuelo

¿POR QUÉ, DIOS?

11 de American Airlines se estrelló contra la torre norte del Centro Mundial del Comercio en un ataque directo.

Dieciocho minutos después de atacada la torre norte, a las 8:03 A.M., el vuelo 175 de United se estrelló contra la torre sur del Centro Mundial del Comercio.

Cuarenta y cinco minutos después de que fuese atacada la torre del sur, a las 8:43 A.M., el vuelo 77 de American se estrelló en el Pentágono. Produjo un agujero de por lo menos 60 metros de ancho en el área oeste y las llamas comenzaron a salir abruptamente del interior del edificio militar más importante de nuestra nación.

Siete minutos después de atacado el Pentágono, a las 8:50 A.M., una operadora del centro de llamadas de emergencia del Condado Westmoreland, Pennsylvania, recibió una llamada de un teléfono celular de parte de un hombre que se identificó como un pasajero encerrado en el baño del vuelo 93 de United. La operadora citó que el hombre decía: «¡Nos han secuestrado! ¡Nos han secuestrado!» El hombre dijo después que el avión se estaba cayendo, que se produjo cierta explosión y que emanaba humo blanco del avión. En ese momento los operadores perdieron contacto con él.

Una crónica del caos

Doce minutos después de esa llamada telefónica, a las 9:10 A.M., el vuelo 93 de United que iba de Newark a San Francisco, se estrelló cerca de Summerset, Pennsylvania, 50 kilómetros al sudeste de Pittsburg. El congresista de Virginia, James Moran, después de una alocución en instalaciones del Cuerpo de la Marina, dijo que los secuestradores evidentemente planeaban estrellar el avión en el Centro Vacacional Presidencial de Camp David o en el Capitolio.

En ese mismo momento, a las 9:10 A.M., parte del Pentágono se desplomó.

A tan solo 19 minutos después de que colapsara la parte occidental del Pentágono, a las 9:29 A.M., la torre gemela norte del Centro Mundial del Comercio se derrumbó.

Yo creía que ya había atravesado por las peores tragedias de los Estados Unidos. Qué equivocado estaba. Podría enumerar otros sucesos significativos, pero ese le da a usted suficiente evidencia de cómo estas atrocidades acontecieron una tras otra, tras otra.

A la hora planeada, al momento preciso, sucedieron estos horribles acontecimientos. «¿Por qué, Dios?», era la pregunta que la mayoría se hacía.

¿POR QUÉ, DIOS?

A las 7:30 esa misma noche, mientras millones de estadounidenses se reunían en varios lugares para orar, nuestro Presidente se dirigió brevemente a la nación emitiendo una declaración de la cual todos fuimos testigos y que quedó grabada en cintas de vídeo para la posteridad. Una declaración que impactó mi mente y aún perdura:

«Los ataques terroristas pueden sacudir los cimientos de nuestros más grandes edificios, pero no pueden tocar los cimientos de los Estados Unidos».

Cuatro

La firmeza del fundamento

> Si fueren destruidos los fundamentos,
> ¿qué ha de hacer el justo?
> —Salmo 11.3

Mientras estaba sentado escuchando al presidente Bush aquella noche sombría, recordé un salmo que había estudiado hacía años. Sabemos cómo permanecen las cosas en nuestra mente, y las unimos con otro pensamiento años después; luego regresamos y volvemos a capturar ese primer acontecimiento. Eso fue lo que ocurrió. Mientras hacía un estudio sobre los «Salmos selectos» hace muchos años, recuerdo una pregunta que se formuló y que contenía una palabra del discurso presidencial, la cual se fijó en mi mente.

La pregunta se hace en el Salmo 11. Acompáñeme a

echarle un vistazo. David escribió el Salmo 11 probablemente mientras el rey Saúl lo atosigaba y perseguía. Con paranoia descontrolada, Saúl optó por perseguir a David para matarlo, creyendo que el jovenzuelo intentaba deshacerse de él para sustituirlo como rey. David está huyendo. Al escribir la primera parte de este salmo, había volado al monte cual ave. Y en ese refugio, momentáneamente fuera de peligro, hace esta pregunta: «Si fueren destruidos los fundamentos, ¿qué ha de hacer el justo?» (v. 3).

¡Tremenda pregunta! El diccionario *Pequeño Larousse* define «fundamento» como: «Principio o base de una cosa, especialmente cimientos de un edificio. Razón principal o motivo con que se pretende afianzar y asegurar una cosa». Cada casa tiene un fundamento. Cada estructura significante, cada edificio tiene un fundamento. Mientras más alto el edificio, más profundo e importante el fundamento. Destruya el fundamento del edificio y verá cómo cae de bruces toda la estructura.

¿Chistoso, verdad, el hecho de ver cómo las palabras se repiten en otros labios? Estaba viendo el servicio de oración nacional en el cual el Dr. Billy Graham, nuestro estimado evangelista y vocero de Cristo, se refería a las estructuras que los terroristas destruyeron. Dijo que las torres gemelas fueron destruidas, pero sus cimientos, increíblemente, estaban todavía intactos. Luego habló consolando grandemente a nuestra nación con estas palabras: «Lo mismo sucede con nosotros. Si nuestros cimientos permanecen, lo demás en realidad no importa».

Así mismo pensaba precisamente David. David no se está refiriendo a estructuras. Ninguna casa o edificio está pasando por su mente y no hay alusión a ello en este salmo. Este salmo habla acerca de la vida. El justo permanece sobre un fundamento firme. Ahora bien, si el fundamento de una vida se destruye, la vida sucumbe. Pero si el fundamento permanece seguro, ninguna fuente de estrés —en el caso de David, ningún ataque malsano a su vida por parte de Saúl ni de ninguna de sus tropas— puede ser capaz de agrietar o destruir su vida. Como puede ver, David compara las palabras amenazantes y traicioneras de Saúl con las flechas lanzadas por los guerreros. Usa un vívido cuadro literario en el versículo dos: «Porque he aquí, los malos tienden el arco, disponen sus saetas sobre la cuerda».

¿POR QUÉ, DIOS?

En aquellos días el guerrero se conocía por su aguda habilidad con el arco y la flecha. Una de las armas más efectivas en los días de David era una flecha afilada y delgada disparada por un arquero que no quitaba la mirada del blanco. Lo que David señala es que los malvados atiesan sus arcos y colocan sus flechas mortales en la cuerda. No creo que David tenía en mente un arco y una flecha desde el punto de vista literal. Pensaba en las palabras de desdén que le disparaban cuando argumentaban en su contra, como parte del plan para aniquilarlo. Pero eso no le ocurre porque los fundamentos de su vida son fuertes y seguros.

Sin embargo, si esos cimientos se destruyen, su vida sucumbe y cae como una saco de sal. ¿Cómo puedo afirmar que sus cimientos eran sólidos y seguros? Mire el primer versículo. Observe su declaración inicial. Ocasionalmente, en los salmos bíblicos, al igual que en las columnas periodísticas, la esencia de todo el mensaje está en la primera oración y todo lo que sigue es una amplificación de la oración inicial. Este salmo es así. El mensaje principal de David está en el primer versículo de este salmo:

La firmeza del fundamento

«En Jehová he confiado; ¿cómo decís a mi alma que escape al monte cual ave?»

Mi alma no está huyendo. Mi espíritu no ha sucumbido, porque mi amparo está en el Señor. Un amparo es un lugar de escondite. Es un lugar de protección. El vocablo es *kjasá* en hebreo antiguo. Un *kjasá* es un lugar de protección que provee seguridad de lo que hiere y causa dolor. Es una protección del peligro y el sufrimiento. David asegura que Yahvé es su *kjasá*. Puesto que eso es cierto, dice David, «mis fundamentos están seguros».

El viejo predicador campesino tenía razón cuando dijo: «Es posible que yo tiemble en la roca, pero la roca no tiembla debajo de mí». Es mi fundamento sólido. Permanece firme no importa lo que ocurra.

La palabra «amparo» me recordó aun otro salmo, el 46. ¿Quién no se consuela con el respaldo de esta antigua promesa? Este es el mismo salmo en el cual Martín Lutero encontró refugio y consuelo hace más de quinientos años. Se ocultó en su verdad y se fortaleció. El Salmo 46 le dio nuevas fuerzas para continuar a pesar de ser malentendido y tratado tan mal. Cuán confortantes fueron esas palabras: «Dios es nuestro amparo» (*kjasá*, la misma palabra)... «Dios es nuestro amparo y fortaleza, nuestro pronto auxilio en las tribulaciones» (v.1)

Fue de las líneas iniciales de este Salmo 46 que Lutero más tarde se inspiró al escribir «Ein' Feste Burg Ist Unser Gott» «Una torre alta es el Señor nuestro Dios».

Hoy día cantamos esas palabras: «Castillo fuerte es nuestro Dios, defensa y buen escudo».

¿Y por qué es seguro tal fundamento? ¡Porque es el Dios mismo! Nuestro fundamento es el Dios de la creación. El Dios que nos hizo es el Dios que nos alberga.

> El que habita al abrigo del Altísimo [*El Shaddai*]
> morará bajo la sombra del Omnipotente.
> Diré yo a Jehová: Esperanza mía [mi *kjasá*],
> y castillo mío; mi Dios, en quien confiaré.
> SALMO 91.1-2

¡En ese sólido fundamento estamos seguros, no importa cuán inseguros y caóticos sean los tiempos que vivimos!

Cinco

Nuestro pronto auxilio

Dios es nuestro amparo y fortaleza,
nuestro pronto auxilio en las tribulaciones
—Salmo 46.1

DIOS ES NUESTRO AMPARO Y FORTALEZA. Eugene Peterson lo parafrasea en *The Message* [El Mensaje]: «Dios es un lugar seguro para refugiarse». *Kjasá* es una palabra que se necesita cuando una nación está atribulada y temerosa. Cualquier noticia que trate de algún ataque terrorista es lo suficientemente fuerte para que usted sienta su impacto y tiemble de miedo. Después del ataque a los Estados Unidos no pude dormir bien hasta que recordé el Salmo 46 e invoqué a mi *Kjasá*, «nuestro pronto auxilio en las tribulaciones».

Charles Spurgeon escribe: «Como Dios es todopoderoso,

nuestra defensa y fortaleza se equiparan con todas las emergencias... Él no es como las golondrinas que emigran en el invierno; Él es un amigo fiel en las buenas y en las malas. Cuando las sombras tenebrosas se asomen, que todas las almas valientes digan: "¡Venid, entonemos el cuarenta y seis!"»

> Castillo fuerte y roca firme,
> es Dios cuando hay peligro;
> escudo y espada de cada impacto,
> de enemigo conocido o foráneo.[1]

Miremos detenidamente este salmo. Como el once, el mensaje principal se resume al principio, luego todo lo demás se desprende de ello. A manera de ilustración, hágase la cuenta de que el primer versículo es una percha, y toda la ropa (los versículos 2 al 11) cuelga de esa percha. La percha, recuerde, es que Dios es nuestro amparo y pronto auxilio en medio de la guerra. Dios es nuestro amparo y pronto auxilio cuando los terroristas atacan. Dios es nuestro amparo y pronto auxilio cuando el puente se desploma, o el túnel colapsa, o el dique cede y se desploma, o cuando el avión se cae. Dios es nuestro amparo y fortaleza, nuestro pronto auxilio.

Si tiene una Biblia a mano, busque el Salmo 46. Analice detenidamente la estructura del salmo. Descubrirá que la misma palabra se usa tres veces. Échele un vistazo de cerca al resto de las palabras del salmo y mire el margen derecho. Al final del versículo tres aparece la palabra *Selah*. Al final del siete, *Selah*. Y al final del último versículo, *Selah*. Así podemos encontrar *Selah. Selah. Selah.*

Los salmos eran originalmente composiciones musicales. Proveían las palabras para los himnos inspirados. Por años la iglesia cantaba solamente del salterio. Literalmente cantaban los salmos. (Las canciones de David, Moisés, los hijos de Coré y otros proveyeron el primer himnario para el pueblo de Dios.)

Tengo un viejo himnario, muy antiguo, si es que todavía lo puedo llamar himnario. Se compone únicamente de palabras de salmos que se cantaban en una vieja iglesia hace muchos años. En castellano antiguo, simplemente se llama El Salterio.

El pueblo de Dios se congregaba y cantaba del Salterio. La

siguiente anotación se escribe al principio del Salmo 46: «Al músico principal; de los hijos de Coré. Salmo sobre Alamot». «*Alma*» es el vocablo original hebreo que se traduce «doncella» o «jovencita». Probablemente fue compuesto para que se cantara con un tono agudo. Se reservó para los sopranos o para los instrumentos de cuerda que tocaban en la parte superior de la clave de sol.

No es diferente al recital de apertura de Handel: «Confortaos, confortaos, pueblo mío», interpretado por un tenor lírico solista, y que nos lleva a la siguiente estrofa: «Todo valle se levantará y todo monte y colina se aplanará, lo torcido se enderezará y lo áspero se allanará». Es una hermosa composición escrita para las voces agudas. Así si usted canta soprano, este salmo está escrito especialmente para usted.

Pero nunca olvide que es un salmo del *kjasá* de Dios. Él es nuestro amparo o refugio. ¡Qué consuelo nos produce! Él es su amparo aun cuando está totalmente solo. Él es su refugio cuando se despierta en medio de la noche, y lo paraliza un miedo escalofriante. Él es su amparo, su fortaleza, un pronto auxilio cuando vienen circunstancias que usted no puede comprender. Cuando su hijo está en ese portaviones, dirigiéndose a la zona de guerra. Cuando su hijo o hija abordan ese avión de guerra y cierra la cabina y se despide antes del despegue. Él es su pronto auxilio. ¿Cuándo? «En las tribulaciones».

Cuando tome el periódico y lea en primera plana sobre algún acontecimiento que catalogamos de trágico, Él es un pronto auxilio. ¡*Selah*!

¿Qué significa? Bien, según lo que hemos investigado, *selah* era una anotación musical antigua.

Hoy día las partituras tienen anotaciones singulares o símbolos que los músicos entienden. Algunos se parecen a la punta de una flecha, colocadas a la derecha o izquierda e indican al músico cuándo deben aumentar o disminuir el volumen. En los tiempos bíblicos, *selah* probablemente significaba «pausa». Tengo un amigo que, cada vez que lee los Salmos y encuentra la palabra *selah*, la interpreta como «haz una pausa y deja que ese pensamiento penetre». Me encanta.

Estos tres *selah* nos dan la estructura del salmo. Los versículos dos y tres se refieren a épocas de *catástrofe física*. Haz una pausa y medita en cómo enfrentarlas.

Los versículos cuatro al siete se refieren a la *amenaza de guerra.* «Haz una pausa y deja que ese pensamiento penetre. Así es como debes enfrentar esta circunstancia». Y en los versos ocho al once, cuando el futuro parece inseguro, he aquí como debes enfrentarlo. *Selah.* «Haz una pausa y deja que ese pensamiento penetre».

No sea víctima del pánico. Haga una pausa.

No necesita asustarse ni desesperarse. Haga una pausa.

Y en lugar de la preocupación y la ansiedad, haga una pausa. El cimiento está firme. El Señor es nuestro amparo. Él es nuestro pronto auxilio en las tribulaciones.

Haga una pausa y deje que el pensamiento penetre.

---

[1] Spurgeon, Charles. Tomado de un sermón, 1887.

Seis

¡No tema!

> Por tanto, no temeremos, aunque la tierra sea removida,
> y se traspasen los montes al corazón del mar.
> —Salmo 46.2

C<small>UANDO SUCEDEN CATÁSTROFES FÍSICAS</small> como las atrocidades acaecidas recientemente, ¿cómo reaccionamos? Por lo general exclamamos: «¿Por qué, Dios? ¿Por qué a mí? ¿Por qué a nosotros?» En cambio, la palabra de Dios dice que cuando suceden catástrofes físicas «no temeremos» (Salmo 46.2) Haga una pausa y observe que todos los ejemplos se presentan con la palabra «aunque». «Aunque la tierra cambie, aunque las montañas caigan en medio del mar». ¿A qué se refiere?

Aunque haya un terremoto y sienta que todo se desploma. «Aunque las aguas rujan y se produzcan grandes olas...» Eso posiblemente haga alusión a un diluvio, un tsunami, un maremoto, las aguas de un río que se desborda después que la nieve se derrite, o la lluvia que no escampa. Va más lejos aun, a otra catástrofe. «Aunque tiemblen los montes no obstante su grandeza». ¡Una avalancha! Ese terrible momento cuando ve deslizarse hacia usted toneladas de nieve, hielo, lodo y rocas. ¿Nuestra reacción? Puesto que Dios es nuestro amparo, no temeremos.

¿Por qué no? Permítame repetir la promesa, la cual hace que nuestro fundamento sea sólido. No debemos temer porque el Señor nuestro Dios es nuestro *kjasá*. Él es nuestro refugio. Él es nuestra fuerza. Él es la roca. A nosotros nos sorprende, pero no a Él. Escuchen, teístas liberales. Escuchen, todos los que afirman que a Dios le toman por sorpresa tales acontecimientos, y que acaba de descubrir lo sucedido en esta tierra. (¡*Por favor!*) Nuestro Dios controla soberanamente todos los acontecimientos de esta tierra. Ocurren exactamente como Él los ha planeado o permitido.

Entonces, ¿qué explicación podemos dar a las cosas malas

¡No tema!

que suceden? ¿Cómo podemos resolver la constante interrogante: «¿Por qué, Dios?»

No dije que nuestro Padre haya dado una explicación. (De todos modos, ¿cómo un Dios infinito puede dar una explicación a personas finitas? Dije que nuestro Padre ha planeado o permitido lo que acontece en esta tierra. No tiene obligación de dar una explicación. El Creador no explica a lo creado el porqué de las cosas. Sería como si un destacado alfarero tuviera que darle una explicación al blando barro.

A Dios nada lo sorprende. El Señor permite aun lo que no podemos comprender, por razones demasiado profundas para que nuestras mentes las puedan comprender. Todo cae dentro de los designios de su propia voluntad para que se ejecute según sus planes para su gloria y su propósito.

Como su siervo, respondo de esta manera: «No temeré. Aunque no lo comprenda, no temeré. Aunque me arrebates algo que para mí significa mucho, aunque permitas que suceda lo trágico, no temeré. No te echaré la culpa, no dudaré ni te cuestionaré».

No habrá ansiedad incontrolable. ¿Por qué? Porque Dios es nuestro amparo. No habrá sentimientos exagerados de disgusto, porque Dios es nuestro amparo. No temblaré de miedo en medio de la noche. ¿Por qué? Porque Dios es nuestro amparo. No habrá temor matinal, ni desesperación vespertina ni depresión prolongada. ¿Por qué? Porque Dios es nuestro amparo.

Martín Lutero ató los cabos:

Y aunque este mundo lleno de maldad,
nos amenace sin cesar,
no temeremos, pues Dios en su voluntad
ha hecho a su verdad, a través de nosotros, triunfar.[1]

La respuesta no es complicada. *Selah*. Pausa. Descanse plenamente. No espere que la vida tenga sentido. No tema cuando le sorprenda el infortunio. La vida está llena de sorpresas, conmociones y circunstancias que nos hacen enloquecer.

Como anoche me sentía intranquilo por las atrocidades que se perpetraron contra nuestro país y debido a que desde hace tiempo me he sentido perturbado por la probabilidad de futuros ataques terroristas hacia más personas inocentes e indefensas, daba vueltas en la cama y no podía dormir. Me levanté, fui a mi estudio, me dejé caer en mi silla de cuero y le eché un vistazo a mis estantes de libros.

La pequeña lámpara que dejamos encendida durante la noche me dio suficiente luz para leer un título tras otro.

De repente, mis ojos se dirigieron a la pantalla de mi computadora. Noté que había un correo electrónico de un amigo de antaño que vive en el Sur de California. Cuando lo leí sentí un profundo alivio. Entre otras cosas, él hacía una simple pregunta: «¿Te has dado cuenta del mensaje que se desprende del Salmo 94.19?» Curioso, abrí mi Biblia y leí el versículo: «En la multitud de mis pensamientos dentro de mí, tus consolaciones alegraban mi alma».

¡El ambiente de *selah* era increíble! Un brote de paz profunda inundó todo mi ser. Recordé una vez más que Dios, únicamente, es mi amparo y fortaleza. Volví a la cama y dormí profundamente hasta el amanecer.

Pero hay más, mucho más en el Salmo 46. ¿Qué de las guerras? Todo judío llamaba a Jerusalén «la ciudad de Dios» (v. 4), particularmente en aquella época. Y también David, mientras se ocultaba en las cuevas no lejos de la gran ciudad donde había pasado tantos años de su vida, hace una pausa y reflexiona. Él se recuerda del río que fluye en los canales que riegan la tierra. Con los ojos de su imaginación ve cómo crecen los cultivos y las plantas en esa región desértica, gracias a las corrientes de las aguas. Él llama a la ciudad «santuario de las moradas del Altísimo» (v. 4). Y de nuevo Dios se presenta como el ente principal... Dios es la estrella del evento. «Dios está en medio de ella», prorrumpe.

«Dios», continúa el versículo cinco, «la ayudará al clarear la mañana» (cuando el enemigo ataque). ¿Ve cómo lo describe? Cuando «bramaron las naciones, titubearon los reinos» (v. 6). Se refiere a los asirios, egipcios y a los otros enemigos que entraban y pisoteaban a Israel con sus pesadas botas, y la atacaban con el objeto de exterminarla de la faz de la tierra. Pero nunca sucedió. ¿Por qué? Porque estaba refugiada. Dios está en medio de ella. Y el resultado es este: «No será conmovida» (v.5).

Tampoco nosotros somos conmovidos. No somos conmovidos, aunque los terroristas nos hayan atacado salvajemente y ultimado al indefenso en un momento cuando no podía protegerse. Estos asesinos atacaron desprevenidamente a hombres, mujeres y niños horrorizados, y cual matones en un patio de recreo, los golpearon sin misericordia hasta sacarles el último aliento. Pero aunque el ataque fue severo, no tenemos razón para estar atemorizados o conmovidos. El versículo siete dice: «Jehová de los ejércitos está con nosotros; nuestro refugio es el Dios de Jacob. Selah».

Cuando los terroristas ataquen, su tendencia será leer más las noticias que la Biblia. Me atrevería a decir que usted pasó más tiempo viendo las noticias en la televisión después de los atentados del 11 de septiembre que leyendo la Palabra de Dios, ¿verdad? Estamos más familiarizados con los locutores de noticias de CNN que con las consoladoras e inspiradas palabras de David en los Salmos. Y porque esto es verdad, nos olvidamos de que «Jehová de los ejércitos está con nosotros; nuestro refugio es el Dios de Jacob» (v. 7).

- ¿Cómo puedo estar seguro?
- ¿Cómo no puedo ser conmovido?
- ¿Cómo no puedo temer?
- ¿Cómo puedo enfrentar un futuro incierto?

El versículo ocho nos dice: «Venid». Es como si dijera: «Oye, ven acá, *pssst*, ven acá... ven acá». Es una invitación a regresar a la historia. Regrese a otra época, a una era anterior. Sacuda el polvo de su memoria.

> Ved las obras de Jehová,
> que ha puesto asolamientos en la tierra.
> [Recuerde el pasado]
>
> Que hace cesar las guerras hasta los fines de la tierra.
> Que quiebra el arco, corta la lanza,
> y quema los carros en el fuego (vv. 8-9).

Esas narraciones que tratan de la liberación de Dios se han escrito en las crónicas de la historia. Usted mismo puede leerlas. Observe la historia de nuestra nación, comenzando con la Guerra de Independencia. Sentirá una sensación de valor renovado una vez más. Escuchará a George Washington citando versículos de la Biblia como a un predicador en un púlpito. Leerá increíbles declaraciones de otros líderes políticos desde esa era hasta la Guerra Civil. La estructura de los discursos de nuestros líderes nacionales estaba compuesta de palabras dichas por el Dios viviente. ¿Cómo cree que Lincoln no perdió los estribos en un tiempo como ese? Tenía la experiencia presidencial menos envidiable de la historia de nuestra nación. Pero no se conmovía. Y no temía, gracias a sus numerosos momentos de *selah*. *Selah*.

Dios dice: «Seré exaltado entre las naciones; enaltecido seré en la tierra» (v. 10).

Cuando David concluye esta sección, hace la misma declaración que cuando termina el salmo: «Jehová de los ejércitos está con nosotros; nuestro refugio es el Dios de Jacob. Selah.»

No temeremos, aunque vengan las catástrofes. No seremos conmovidos, aunque estemos en guerra. ¿Por qué? Porque Dios —el omnipotente, el todopoderoso, el majestuoso Dios— es nuestro amparo y fortaleza.

---

[1] Lutero, Martín, 1485-1546.

Siete

Enfrentar un futuro incierto

> Estad quietos, y conoced que yo soy Dios.
> —Salmo 46.10

¿CÓMO PODEMOS ENFRENTAR LA NIEBLA de nuestro incierto, tortuoso futuro? Todos estos acontecimientos están sucediendo: los edificios se desploman, explosiones por doquier, las amenazas de ataques con ántrax y el bioterrorismo intensifican nuestras preocupaciones. ¿Qué más nos puede deparar el futuro?

El versículo diez del Salmo 46 responde estas interrogantes. No debemos preocuparnos. El texto dice: «Estad quietos...» En hebreo simplemente se usa un vocablo en ese mandato, y significa: «¡Detente!» ¡Qué gran pauta! ¡DETENTE!

Escuché a una madre ayer decir eso a uno de sus hijos en el supermercado. El niño estaba ocupado, ocupado, ocupado. Tocaba una cosa, desordenaba la otra. «¡Detente!».

Cuando la escuché, ¡me detuve!.

Pero en este momento quien habla es el Señor: «¡Detente! ¡Alto! Deja de preocuparte. ¡Basta ya! Soy tu amparo. Soy tu pronto auxilio en las tribulaciones. Tus preocupaciones suponen que ya no estoy a tu lado. Pero nunca te he abandonado. No soy como las golondrinas que abandonan su lugar cuando llega el invierno y regresan cuando hace buen tiempo».

Ahora puede ver por qué el Salmo 46 es tan relevante. En tiempos de catástrofes físicas no temeremos porque Dios es nuestro amparo. Cuando haya amenaza de guerra, no seremos conmovidos porque Dios es nuestro amparo. Aunque el futuro parezca incierto, no nos preocuparemos. Recordaremos que Él hace que las guerras cesen. La guerra no es nada nuevo para Él. Los carros de guerra, las lanzas y las flechas producen conmoción dentro de nuestro ser. Pero, ¡detengámonos! No debemos preocuparnos.

La semana pasada recordé que en los días de la Guerra de Independencia no era inusitado que los pastores, con sus sermones, prepararan a sus congregaciones para la batalla, quiero decir, para una batalla literal. El país estaba en guerra y los sermones se impartían para dar ánimo. Esos sermones se conocieron como «sermones de artillería». Buen nombre, ¿verdad? Cuando un pastor predicaba con pasión, casi se podía escuchar los ruidos de la artillería: ¡Buum! ¡Buum! El pastor está disparando otro sermón de artillería hoy. ¡Buum! ¡Cómo me gusta!

Los sermones de artillería los predicaban pastores valientes que no se dejaban intimidar por nadie ni por nada. Estos pastores también fueron líderes de grupos militares locales. La artillería de aquel entonces consistía en un armamento que se usaba para iniciar los primeros disparos y se colocaba enfrente de la línea de ataque de la infantería. Se diseñaba para debilitar la capacidad de contraataque del enemigo. De forma similar, los sermones de artillería se predicaban para animar los corazones y preparar a la gente para la batalla.

Enfrentar un futuro incierto

La Palabra de Dios se convirtió en la munición para debilitar la posición del enemigo y para fortalecer al cristiano para la guerra material y espiritual que se presentara en el futuro.

Si este libro le recuerda ese estilo, entonces el mismo encierra uno de esos mensajes estilo ¡Buum! Este es un mensaje de artillería porque algunos de ustedes que leen estas palabras han estado atemorizados. Sin duda, usted está conmovido por los acontecimientos. Puede que esté deprimido y preocupado por el futuro, porque no ha sido equipado con la munición adecuada. Pero, realmente, ningún terrorista es capaz de destruir ni defenderse contra la verdad de Dios.

Si los fundamentos están en su lugar, si tenemos a nuestro Señor Dios como amparo y fortaleza, no debemos temer, ni conmovernos, ni preocuparnos.

Ocho

Identifique al enemigo

> Vuestro adversario el diablo, como león rugiente,
> anda alrededor buscando a quien devorar.
> —1 Pedro 5.8

Ahora que el sermón de artillería nos ha reanimado, queremos lanzarnos al campo de batalla. Pero antes que marche contra el enemigo, tiene que saber quién es. Este proceso se llama «recolección de inteligencia». Necesita saber cómo opera, dónde está su base de combate, cuáles son sus tácticas. Debe ser capaz de identificarlo en todas las circunstancias. Desde el 11 de septiembre, hemos visto y oído cientos de reportajes sobre el enemigo de los Estados Unidos. Hemos visto su rostro. Hemos oído sus amenazas e insinuaciones. Hemos indagado sobre sus escondites

Identifique al enemigo

y campos de entrenamiento. Sabemos su nombre. Sabemos cómo maniobra. Es inteligente. Rico. Peligroso. Su objetivo principal es nuestra destrucción, y todo en el nombre de su dios. Para él, no es más que *jihad* —guerra santa.

Y aunque en verdad él es nuestro enemigo terrenal, no es el enemigo por el cual debemos preocuparnos más. No. «Vuestro adversario», asevera Pedro claramente, «es el diablo». Él es el origen de todo mal. Está incansablemente elaborando estrategias para destruirnos. Con engañosa destreza «como león rugiente, anda alrededor buscando a quien devorar» (1 Pedro 5.8).

La última vez que investigué, los cazadores llaman al león el «rey de la selva o de las bestias». La última vez que hice una investigación sobre el diablo, era el supremo de todas las criaturas angelicales. Aunque cayó de esa posición privilegiada por su orgullo, nunca perdió su brillantez. Que no queden dudas sobre esto: cuando el ser más relevante de toda la creación angelical de Dios cayó, instantáneamente se subió las mangas para pelear contra el plan divino.

Con razón se nos dice «Sed sobrios» (v.8a). ¡Estamos en guerra! Una vez que identificamos al enemigo y entendemos sus maquinaciones, comprendemos que el mundo es un campo de batalla y no un patio de recreo.

Permítame pausar aquí para afirmar lo siguiente: En primer lugar, vivimos en una cultura correcta desde el punto de vista político, pero está corrompida teológica, ética y moralmente. La cultura de hoy está corrompida hasta el mismo centro de su existencia.

Sin Cristo, la humanidad está totalmente depravada. El mundo lo va alejar completamente de las cosas de Dios, en vez de acercarlo a ellas.

En segundo lugar, ahora estamos pasando por dificultades, conflictos y pruebas como ninguno de nosotros jamás se hubiese imaginado, porque estamos enfrentando al adversario dentro de su territorio. Todo lo que el pueblo de Dios ama, él aborrece. Por ejemplo, él odia su matrimonio cristiano. Es probable que en estos días de estrés haya más matrimonios en conflicto que en el pasado. Es probable que haya problemas en su familia más de lo habitual. Quizá uno de sus hijos esté en resuelta rebelión contra usted. Si todavía no lo han hecho es porque aun son muy chicos. Es asunto de tiempo. ¿Por qué? Nuestro adversario odia la armonía familiar.

Identifique al enemigo

Es probable que los conflictos que suceden en su trabajo hayan alcanzado tal nivel de intensidad que esté a punto de decir: «Ya no sé si ser cristiano valga la pena».

Todo forma parte de la estrategia del enemigo.

Es probable que esté pasando por una etapa de trauma emocional o físico usted mismo, su pareja, alguno de la familia o uno de sus mejores amigos.

Es probable que en este mismo momento su nieto o biznieto esté muy enfermo. El diablo odia las mentes estables, la voluntad firme y los cuerpos saludables.

Encontraremos ataques del enemigo en cualquier flanco. Aunque no debemos temer por ello, tampoco debemos ignorarlo. Al enemigo le encanta que usted le ignore, que piense de él incorrectamente o con indiferencia. Odia las clases de mensajes que salen de este libro. No le gusta cuando se le identifica por lo que en realidad es.

He aquí una buena noticia. Se encuentra en esta misma sección de las Escrituras. ¡Podemos resistir al enemigo! Mire cuidadosamente la primera parte de 1 Pedro 5.9: «al cual resistid firmes en la fe...» Los ataques del enemigo se pueden dirigir hacia la parte vulnerable de su vida, pero el escudo de la fe le protegerá de ellos. «¡Puede resistirle!»

Además, cuando llegamos a la conclusión de que Dios es nuestro amparo, podemos llegarnos a Él inmediatamente. No hay nada como la oración para repeler los dardos del enemigo. Y no está solo. El versículo nueve dice que «vuestros hermanos» están pasando por los mismos padecimientos. Usted no es el único. Forma parte de la misma marejada del movimiento triunfante de Dios. Pero esta contraofensiva estratégica trae consigo diversas pruebas. Ya vienen. Algunas obviamente ya han llegado (una de ellas fue bien severa el nefasto martes 11 de septiembre), y tenemos que estar preparados para cuando lleguen las demás. Mi objetivo es que usted esté revestido del equipo necesario para enfrentarlas y a la vez advertirle por anticipado que vienen otras, del tipo que sean. Si supiera cuáles, hiciera una declaración pública. Pero nadie sabe. A nuestro adversario nunca se le acaban las ideas engañosas y creativas. Pero no temeremos, no nos conmoveremos, no nos preocuparemos.

Pedro nos da aun mejores noticias: «Mas el Dios de toda gracia, que nos llamó a su gloria eterna en Jesucristo, después

Identifique al enemigo

que hayáis padecido un poco de tiempo, él mismo» [me encantan estas cuatro promesas; mire las palabras] «os perfeccione, afirme, fortalezca y establezca» (1 Pedro 5.10).

No pierda de vista el significado de cada vocablo. Él nos «perfeccionará» en el sufrimiento. Esto significa que Él nos restaurará, y nos llevará a un nuevo nivel de madurez.

Luego, nos «afirmará» en el sufrimiento. La idea central del significado de este vocablo se refiere al concepto de solidificación de nuestro carácter. Él usará la adversidad para solidificar nuestro carácter.

Luego leemos que nos «fortalecerá». La blanda grosura que tenemos por nuestro fácil estilo de vida será sustituida por fuertes músculos de valor.

Finalmente, Él nos «establecerá». El vocablo griego sugiere la idea de colocar los cimientos. El sufrimiento nos llevará a la parte más profunda y sólida del fundamento de nuestra fe.

Al final, ¿quién va a vencer? Lea el versículo once: «A él sea la gloria y el imperio por los siglos de los siglos. Amén». ¡Ahí podríamos añadir un *Selah*!

«Lo creo», dice el apóstol Pedro. «Deposito toda mi confianza en ello. De ahí no me muevo. Les puedo asegurar que cuando hayan pasado por las adversidades, sus vidas se perfeccionarán, se afirmarán, se fortalecerán y se estabilizarán». El adversario continuará sus ataques y lanzará sus repugnantes dardos. Necesito advertirle, por anticipado, que vendrán. Pero al final, Dios ganará.

En el estupendo libro de Apocalipsis, Juan describe gráficamente al enemigo, sus ataques y el resultado final. Ya la guerra ha sido ganada por los héroes. Cuando Jesús murió en la cruz y resucitó, fue el final de Satanás. Fue derrotado y también lo será al final. Pero todavía hace guerra. Y sí, gana algunas batallas. Pero no importa, porque ha perdido la guerra.

Me recuerda las guerras pasadas cuando las comunicaciones eran escasas. A veces, los ejércitos continuaban batallando durante meses después que la guerra había concluido, porque no sabían que ya habían perdido. Así es con Satanás y sus ejércitos.

Juan básicamente se coloca frente a frente al enemigo, le escupe en el rostro y dice: «Lanza tus mejores dardos, Satanás. Comete los actos más horrendos que puedas. Y de todas maneras responderemos: "¡Aleluya!" porque sabemos que la victoria ya es nuestra».

No obstante, cuando Satanás y sus lugartenientes nos ataquen, debemos ir a la batalla. Debemos fortalecernos de la Palabra de Dios y marchar para enfrentar al enemigo cara a cara. Pero vamos sabiendo que ya somos victoriosos.

Nueve

Órdenes de marcha

Humillaos, pues, bajo la poderosa mano de Dios,
para que él os exalte cuando fuere tiempo.
—1 Pedro 5.6

No estaba allí cuando algunos hombres lo rodeaban. El general Dwight Eisenhower tenía la horrible tarea de decidir si aquel día a principios de junio de 1994 era la fecha adecuada para emprender la invasión militar más importante y estratégica de la historia.

El clima no estaba bueno.

El oleaje no era el adecuado.

Las condiciones marítimas no eran las ideales.

La decisión no era unánime.

Órdenes de marcha

En verdad, algunos de sus consejeros de mayor confianza le dijeron: «No».

Pero él dijo: «Vayamos».

Según lo que la historia nos relata, esas primeras oleadas de soldados fueron acribilladas por el enemigo como si hubieran sido aves inmóviles en la mirilla de un cazador.

La mojada arena de la playa se tiñó de carmesí con la sangre de héroes estadounidenses que desembarcaban e invadían el perímetro norte de Francia para tomarla antes de marchar hacia Berlín.

Tengo la clara impresión de que nadie se sentaba en pequeños círculos contando chistes al poco rato de que la primera, segunda o tercera oleada de soldados llegó a la playa. Nadie que estaba en un buque anfibio decía: «¡Hombre, esto será divertido!» «¡Vamos a pasarlo de maravilla!» No, no aquella mañana. Había balas reales en esos rifles. Había balas reales en esos gigantescos cañones. Había poderosas minas explosivas enterradas en todo el litoral. Los cuerpos volarían por los aires despedazados. Los amigos morirían. Era algo bastante serio —tan serio como un infarto— cuando vadeaban en las costas, cuando resbalaban en su propio vómito al llegar a la costa, cuando otros quedaban ciegos por las explosiones, paralizados de terror. Sabían que iba a ser algo permanente. No más chistes, no más diversión o juegos. El entrenamiento ya había pasado. Ahora era la cruda realidad.

Es posible que las palabras de Isaac Watt sean antiguas, pero tienen un impacto de relevancia que abarca el siglo veintiuno. Medite en las preguntas que hace:

> ¿No hay enemigos que confrontar?
> ¿Acaso no hay inundación que contener?
> ¿Es este mundo vil un amigo de la gracia
> que me ayuda a encontrar a Dios?

¿Ve las interrogantes? ¿Tengo enemigos? ¿Puedo escapar? ¿Es este mundo un amistoso lugar? Él contesta firmemente:

> Si quiero reinar, seguro que debo pelear
> Aumenta mi valor, Señor;
> soportaré la ardua labor, aguantaré el dolor
> apoyado de tu Palabra.

Enfrentamos un enemigo muy real e insidioso. Para hacer todo aun más confuso, la fuente de toda maldad es invisible,

Órdenes de marcha

al igual que todas sus tropas. Algunos incluso cuestionan su existencia. Es muy raro que se escuchen «sermones de artillería» desde los púlpitos de nuestra nación. En raras ocasiones se menciona el nombre de Satanás y sus demonios. En las iglesias liberales tratan de explicarlo de esta forma: «¡No compartimos tu punto de vista!»

¿Qué debemos creer? ¿Que él es una criatura pequeña de piel roja y cuernos, con una horca en la mano, manifestada como un diablillo y sentada en nuestros hombros? ¡No! Nuestro enemigo es brillante. «Un genio» sería la mejor descripción. Ha estado estudiando nuestra vida por años. Él lo conoce a usted por completo y planea el ataque que afecte la parte más vulnerable de su débil cuerpo con el fin de destruirle. Él existe con el fin de que usted fracase, caiga y fallezca.

Para entablar la batalla con sabiduría e inteligencia, necesitamos las órdenes de marcha.

Vienen a mi mente las palabras de Pedro. En el capítulo cinco de su primera carta encontramos palabras que suenan como órdenes de marcha para los soldados cristianos. Pero la orden inicial es sorprendente. No es: «¡Ataquen!» Es: «Humillaos» (v. 6).

Necesitamos entender que esta no es una estrategia humana basada en fortaleza humana que requiere talento humano, y que resulta en logros humanos. En su totalidad es contraria a lo que cualquiera de nosotros se imaginaría. Las órdenes de marcha del Señor son: «Humillaos». Es un cuadro donde nuestros rostros caen en sumisión y confianza ante Dios. Retroceda lo más que pueda esa palabra en el tiempo y verá personas postradas sobre sus rostros ante Dios. El cuadro presenta a la mano todopoderosa de Dios extendiéndose por todo este universo, incluyendo este pequeñito planeta y su Iglesia, la cual fundó por su poder y para sus propósitos.

Él dice: «Humillaos bajo mi mano», lo cual implica que usted y yo no debemos hacer nuestra voluntad. No es asunto de obtener lo que queramos. Cuando nos humillamos bajo la mano del Maestro, nos humillamos ante el Maestro. Es hacer todo lo que a Él le plazca. Lo que Él ha planeado es lo que importa. Apenas necesita que le digamos que todo dentro de nuestra sociedad va contra ese mensaje. No importa. La orden sigue:

Órdenes de marcha

«Humillaos, pues, bajo la poderosa mano de Dios, para que él os exalte cuando fuere tiempo» (v. 6).

Hay recompensas cuando hacemos lo que Él manda. Dios no es un despiadado divino, que observa a las personas retorcerse del dolor, sangrar y pasar por vicisitudes con el fin de que se doblequen en sumisión. Tenga en cuenta que Dios, nuestro amoroso, cariñoso, fiel, santo y justo Dios, ha trazado un plan que conducirá a la victoria, la esperanza, la paz y el gozo. Todo esto sucede bajo su poderosa mano, cuando rendimos nuestra voluntad a la suya. Todo sucede bajo su mano. No lo olvide. Y bajo su mano abandonamos lo que queremos. Rendimos nuestros deseos y anhelos cuando aceptamos su plan. En el proceso Él se glorifica. Y debido a su gracia, nos llegan muchas recompensas. Las bendiciones siguen llegando cual olas a la orilla del mar. Y llegan «a su debida hora» porque su tiempo siempre es preciso.

Puede que diga: «Ese concepto de someterse completamente al plan de otro me pone nervioso». Bien, de ahí surge la explicación del verso siete: «Echando toda vuestra ansiedad sobre él...»

«¿Quiere decir que es posible que no obtenga lo que quiero?»

No, no va a obtener lo que quiera. No va a hacer su voluntad. Si eso le llena de ansiedad existe una solución simple: Eche toda su ansiedad sobre Él. Sí, toda. Cuando lo haga, tendrá menos dificultad en ceder su voluntad a la de Él. Irá a la batalla con mucha más confianza y tranquilidad.

Lo que aquí sugiero es un estilo de vida totalmente diferente. Esto afectará cada aspecto de su universo. En el análisis final, significa invertir ciento por ciento en Él.

Es posible que usted diga: «Bueno, el problema es que no quiero invertir, por así decir, toda mi vida».

Entonces déjeme serle franco: En realidad usted no quiere a Cristo. De veras. *No quiere a Cristo.* Usted quiere un Dios que no haga exigencias de tal magnitud. De esa forma puede oír lo que quiere oír y hacer lo que le plazca. Quiere un Dios que le haga reír, que le haga sentir bien, y que diga sí a cada una de sus peticiones. Quiere un trabajo cómodo de escritorio, no un áspero desafío en el campo de batalla.

Tal vez diga: «Hombre, esto se está poniendo serio». Así es. Pedro nos dice que seamos sobrios, que estemos en alerta, que velemos. Siga sus órdenes de marcha. La primera es clara: Humíllese. Y si lo hace, cuando llegue el momento de batallar, Él le exaltará y le dará la victoria ante el enemigo.

Cuando nuestros enemigos atacaron a los Estados Unidos, me dio tristeza y alegría al mismo tiempo al ver la nación caer de rodillas ante Dios y humildemente pedir su protección. Me alegré al ver la Estatua de la Libertad inclinar su cabeza en reverencia y reconocimiento a Dios una vez más. Pero me entristecí por el hecho de que tuvo que ser un acontecimiento muy funesto y cobarde el que nos colocara en la actitud de obediencia a Dios donde debemos estar siempre.

Hemos recibido y aceptado nuestras órdenes de marcha: «Humillaos». Ahora debemos encontrar el valor para movernos.

Diez

Una transfusión de valor

> Velad, estad firmes en la fe;
> portaos varonilmente, y esforzaos.
> —1 Corintios 16.13

EL DESAFÍO QUE CONFRONTAMOS es dolorosamente obvio. Nuestros cimientos están en pie y seguros. El Señor nuestro Dios, por ser nuestro amparo y pronto auxilio, nos libra del temor y la preocupación. Él está en control soberano. No ha perdido el control de nuestra existencia. Bajo su mano poderosa nos humillamos. Y, a pesar de la estrategia sutil y engañosa del adversario, estamos seguros de lo siguiente: Al final, Dios obtiene la victoria. Lo que necesitamos hasta entonces es una transfusión de valor.

Por favor, tome su Biblia y analicemos un versículo que

Una transfusión de valor

aparece en 1 Corintios capítulo 16. Quiero darle varias palabras que espero que nunca olvide. Estas palabras las extraemos de cuatro mandatos que se encuentran en el versículo 13 de 1 Corintios 16: «Velad, estad firmes en la fe; portaos varonilmente, y esforzaos».

Aquí está el primer mandato: ¡Vele! Cuando Pablo impartió este precepto quiso decir lo siguiente: «¡Estén en vigilia constante!» Claramente, el mandamiento nos dice que tenemos la gran necesidad de velar con agudeza. Incluye alerta espiritual, prestar atención a lo que no se ve, comprensión de las artimañas del maligno y una rápida percepción de lo que podría ser parte de la conspiración satánica.

No soy un cazador de brujas. No me ponga en esa categoría. Pero como ya hemos establecido, hay una conspiración contra el plan de Dios. Ha estado vigente desde antes de la caída de la raza humana en el Huerto del Edén.

Satanás odia el plan de Dios, de modo que lucha contra este. Y lo primero que al enemigo le gustaría que usted creyera es que en realidad no hay ninguna conspiración. Sin embargo, ahí está. Vele cuando lea el periódico. Preste atención a lo que se dice y a lo que no se dice. Lea las revistas noticieras de hoy, mire las noticias que hoy están dando en la televisión con agudo discernimiento bíblico.

Es hora de que el discernimiento prevalezca. Padres, velen a sus hijos. Vigilen lo que hacen y presten atención a lo que dicen. Empleados, velen a sus jefes y cómo están dirigiendo los pasos de ustedes. Jefes, velen a las corporaciones que están fundando y a las personas que han empleado. Cristianos, velen todo lo que sucede a su alrededor en la iglesia, en la escuela o universidad, en los asuntos cívicos, entre los políticos, con los militares y en las oficinas de la Presidencia.

Esté alerta a todo lo que se dice. Vele en todos sus alrededores, vele a quienes viven a su alrededor. Preste atención a sus propias motivaciones. Escuche sus propias palabras. Vele cuando escuche los programas radiales de mesa redonda, y preste atención especial a lo que se dice, y aun más importante, a lo que no se dice. ¡Vele!

Cuidado con la carnada que se le pone delante y que hace que usted resbale en su área de debilidad preferida. Esté alerta al hecho de que hay un enemigo en su contra. Cuando comience el día, ponga en práctica la palabra OBA (Ojos Bien Abiertos). Desde el momento en que sus pies toquen el suelo, mantenga sus ojos bien abiertos. De ese modo, será muy raro lo que le caiga de sorpresa; difícilmente tendrá que expresar: «Hombre, jamás me lo hubiera imaginado».

Recientemente salió una película titulada «*Eyes Wide Shut*» [Con los ojos bien cerrados]. Nunca llegué a verla, pero el título refleja con elocuencia la cultura de hoy día. Nuestros ojos son bombardeados con escenas estadounidenses horrorosas y chocantes: Disparos al azar desde vehículos, desastres de tornados y sismos, violencia escolar, aviones que se estrellan en las Torres Gemelas, víctimas atrapadas que se lanzan en desesperación al vacío, partes de un cuerpo que caen en la acera frente a nosotros, tristes escenas de niños hambrientos, y así sucesivamente. ¿Y qué preferimos hacer? Cerramos nuestros ojos, bien apretados, para no ver tales atrocidades. Preferimos no ser testigos de tales situaciones. Negamos la verdad. Huimos de la realidad. Al hacerlo, cerramos nuestro entendimiento a las maquinaciones y ataques del enemigo.

Andamos en la vida con los ojos bien cerrados.

En cambio, Dios dice: «¡Vele!» Esté pendiente a los principios bíblicos. Cada vez que lea la Palabra los encontrará..

Los escuchará si asiste cada domingo a una iglesia donde se enfatiza el estudio bíblico. Estos principios bíblicos guiarán su vida. Présteles atención. Recuérdelos. Memorícelos. «¡Vele!» Esa es la línea de defensa que Dios tiene para nosotros. Cuando vele, hágalo con discernimiento y perspicacia.

Continuamente me asombro por la insensatez de muchos cristianos que domingo tras domingo toleran la ausencia de veracidad en muchas de las enseñanzas que reciben en la Escuela Dominical. Es como dijo el antiguo profeta Oseas: «Mi pueblo fue destruido, porque le faltó conocimiento» (Oseas 4.6). Otro profeta, Amós, escribió sobre una: «hambre a la tierra, no hambre de pan, ni sed de agua, sino de oír la palabra de Jehová». Escribió sobre personas que luchaban por tratar de encontrar la verdad a como diera lugar, pero no la encontraban (Amós 8.11-12). No describía simplemente la condición de aquellos tiempos; describía a los Estados Unidos y al resto del mundo. Vele las enseñanzas que no recibe desde el púlpito. Vigile lo que le dicen. Vigile los ministerios y organizaciones que apoya financieramente. «¡Vele»

Segundo: ¡Este firme! Se menciona en 1 Corintios 16.13: «Estad firmes en la fe». Eugene Peterson lo expresa de la si-

Una transfusión de valor

guiente manera en la versión inglesa de *The Message*: «Aférrese a sus convicciones». Puede que haya estado escuchando sermones por años. Muchos de ustedes han impartido estudios bíblicos en la iglesia, en el hogar, o en el trabajo. Muchos de ustedes incluso son maestros bíblicos muy capacitados. Afírmese en la verdad que enseña. Si al hacerlo se queda solo, aun así no deje de estar firme.

No le importe el hecho de que usted sea diferente. Es lo que le hace singular. Le va a producir un incremento en su nivel de inteligencia. Eso hace que todo el mundo le busque. Se lo digo por experiencia. Todos los mentores que han moldeado mi vida han sido singularmente diferentes. Ninguno de ellos caía en la baja categoría de «insensatos». Ninguno me aburría con la Biblia. Vivían vidas muy dinámicas. Algunos de ellos admitían que eran algo raros, un poco extraños. Pero me gustaba el hecho de que no formaban parte del montón, como la mayoría. Permanecían como individuos únicos. Eso fue lo que me llamó la atención. Todos vivían por encima del nivel de mediocridad. Cada uno de ellos era «diferente». Eso fue lo que me atrajo de ellos.

Pensé en ello cuando leía la revista deportiva *Sports Illus-*

trated no hace mucho. Uno de sus principales periodistas, Rick Reilly, siempre escribe la última página de la revista. De modo que cada vez que recibo mi ejemplar, primero leo en la parte posterior la columna que dice: «La vida de Reilly».

El artículo que particularmente me llamó la atención, muy bueno por cierto, fue sobre uno de mis entrenadores favoritos, John Wooden, quien dirigió el equipo de baloncesto de la Universidad Central de Los Ángeles (UCLA). El artículo estaba tan bueno que le informé a mi hijo mayor y le dije: «Aquí hay una columna que vale la pena leer». Él también se lo dijo a muchos de sus amigos. El artículo se titula: «Un as que se eleva por encima del desquicio» y se refiere al nonagenario exentrenador John Wooden, a quien Reilly denomina: «El mejor hombre que conozco».

Escribió:

No ha habido en la historia deportiva estadounidense un hombre del calibre de John Wooden. Ni un entrenador que se le compare. Obtuvo diez campeonatos de baloncesto para la UCLA, el último en 1975. Nadie siquiera ha llegado a seis después de él. Ganó ochenta y ocho juegos seguidos

Una transfusión de valor

entre el 30 de enero de 1971 y el 17 de enero de 1974. Desde entonces, nadie siquiera ha llegado a cuarenta y dos.

Jamás ha habido otro entrenador como Wooden; de la misma manera que nadie ha visto una nevada en verano o una pelota de fútbol cuadrada. Fue leal a su esposa, a su centro académico, a su filosofía. Caminaba por el recinto universitario con zapatos livianos y la moralidad de Jimmy Stewart. El primer día de práctica, dedicaba media hora para enseñar a sus muchachos cómo ponerse los calcetines. «Los pliegues pueden causar ampollas», les advertía. Estos enormes jugadores se miraban entre sí y revolvían los ojos. Pero al final, hacían lo correcto. «Muy bien, muy bien», decía. «Ahora, el otro pie».

De los ciento ochenta jugadores de su equipo, Wooden conocía los pormenores de ciento setenta y dos de ellos. Lo mismo que le decía a su equipo lo decía a sus hijos, quienes también revolvían los ojos en rebeldía. Daba consejos como: «Disciplínate y nadie tendrá que hacerlo», «Nunca mientas, nunca engañes, nunca robes» y «Gánate el derecho de estar orgulloso por tus logros y de estar seguro de ti mismo».

¿POR QUÉ, DIOS?

Si jugabas para él, tenías que adaptarte a sus reglas: Nunca encestes sin tomar en cuenta a tu compañero de juego. Una palabra obscena, y no juegas en el partido. Trata a tu oponente con respeto.

Creía en cosas muy pasadas de moda que no producían otra cosa que campeonatos. No rebotes la pelota detrás de la espalda ni entre las piernas. «No es necesario», decía. Ningún pelo largo. Ningún vello facial. «Se demoran mucho en secarse y les puede producir un resfriado después de que salgan del gimnasio».

Eso enojaba bastante a los jugadores. Un día, el famosísimo jugador de centro Bill Walton se apareció con una barba. «Tengo derecho», decía mientras se inclinaba sobre el entrenador. Wooden le preguntó si de todo corazón creía en lo que acababa de decir. «Muy bien, Bill. Muy bien. Admiro mucho a quienes tienen creencias sólidas y se aferran a ellas. Pero lamentablemente vamos a extrañarte en este partido». Walton se la afeitó allí mismo. Y ahora Walton llama una vez por semana para decirle a su exentrenador cuánto lo quiere.[1]

Una transfusión de valor

Si nada más, quizá estas palabras le motiven a ser diferente, a ser único. Eso es lo que engrandece. No le importe cómo los demás manejan sus negocios; maneje bien el suyo. No le importe si la mayoría de las personas se alejan del peligro; acérquese usted. Haga lo correcto. No mienta. No engañe. No robe. No se junte con quienes lo hacen. Se necesita valor para nadar corriente arriba, contra la corriente. «¡Hágalo!»

Tercero: ¡Madure! Si los primeros dos mandatos no han sido lo suficientemente fuertes, creo que el tercero le va a llamar la atención. Podemos deducir una palabra que a lo mejor no ha escuchado últimamente: ¡Madure! Pablo lo expresa de esta forma: «Portaos varonilmente». Sé que usted es adulto. Pero la edad no prueba nada. La madurez es lo que importa. Esta ordenanza nos insta a comportarnos como adultos en las cosas que importan, como aceptar responsabilidad, pensar con claridad y actuar cortésmente.

Me gusta el lema de la cadena de Hoteles Ritz-Carlton. Cynthia y yo somos buenos amigos de Bill Johnson, quien, por mucho tiempo, fue dueño de la organización Ritz-Carlton. El lema que crearon fue fabuloso. Mientras nos acompañaba en una de nuestras reuniones de la junta de directores de nuestro ministerio Insight For Living (Visión para vivir), le pregunté a Bill: «¿Me puedes decir cuál es el lema del Ritz-Carlton?»

Su respuesta fue instantánea: «Por supuesto». Sacó una tarjetita del bolsillo de su camisa y leyó: «Somos damas y caballeros que servimos a damas y caballeros».

¡Cuánto me impresionó! Cuando Cynthia y yo nos hospedábamos por unos días en el Hotel Ritz-Carlton de Maui el verano siguiente, la dama que nos arreglaba la habitación venía todos los días. Era muy amable y extremadamente eficiente. Al recordar lo que dijo Bill Johnson, decidí hacerle una pregunta similar.

Le dije: «A propósito, María, ¿sabe cuál es el lema del Ritz-Carlton?» Sin titubear, al instante respondió: «Oh, sí, señor. Somos damas y caballeros que servimos a damas y caballeros».

Ese modo de pensar se había transmitido desde la cúpula directiva hasta quienes limpiaban las habitaciones. Toman su misión muy en serio. Son adultos cuando aceptan responsabilidades. Es extraordinario ser adulto, una verdadera dama, un verdadero caballero. Nos hace sobresalir.

Una transfusión de valor

¿Sabía usted que este es el único lugar en todo el Nuevo Testamento donde aparecen estas palabras? «Portaos varonilmente». Las palabras que aparecen una sola vez se denominan *hapax legomena,* que significa: «habladas una sola vez». Por otro lado, la palabra aparece en varias formas en la Biblia Griega del Antiguo Testamento, pero este es el único pasaje donde la expresión «portaos varonilmente» aparece en el Nuevo.

Así que este es un mensaje singular de Dios para todos nosotros, como si Él estuviera haciendo presión a nuestro esternón con un dedo. ¿No es hora de que ya acepte responsabilidad por sus actos? Cuando haga lo indebido, diga que era indebido. ¿Fue usted quien provocó el problema? Admítalo. Así es como actúan los adultos. Si le dice a alguien que va hacer algo, ¡hágalo! Actuemos como damas y caballeros. Damas, mantengan su palabra. Caballeros, sean fieles y veraces.

Es muy infantil resistirse al cambio. Pienso mucho en mis dos nietecitos que vivieron con nosotros por varios meses antes de que nuestro hijo Chuck y su esposa Jeni se mudaran a su nueva casa. En aquellos días la pequeña Jessica (a quien cariñosamente le decimos «Jess») era la que se «robaba el show» con sus ocurrencias. Es una muñequita pelirroja absolutamente adorable.

En una ocasión caminaba con su pañal sucio. Como resultado, la princesita esparcía el «aroma» por dondequiera que iba.

Su padre le dijo:
—¿Jess?
—¿Sí...? —contestó ella.
—¿Estás sucia?

Jess menó la cabeza, y haciendo un ceño respondió:
—No.
—Bueno, entonces ¿qué huelo? —le preguntó el padre.
—No sé —respondió mientras se alejaba tranquilamente.

Ella prefería estar sucia. ¡Totalmente ignoraba la necesidad de limpiarse! No quería que él la detuviera y le cambiara el pañal. ¿Por qué no quería que la cambiaran? Porque era una niñita.

¿Necesita cambiar? Puesto que usted es adulto, ¡madure y cambie! No me diga lo difícil que es. Nadie quiere escucharle lloriquear sobre lo difícil que es cambiar. Si no puede lograrlo, pídale al Señor que le ayude. Si cambiar implica que tiene

Una transfusión de valor

que hacer las cosas bien hechas, no tiene otra opción. Muévase. De otro modo va a permanecer sucio e irritable, y comenzará a quejarse. No necesitamos de más quejosos. ¡Necesitamos adultos que quieran hacer las cosas bien hechas!

Las personas adultas son fieles a su pareja. No andan rondando por ahí engañando a su pareja. No justifique su infidelidad contándole a sus amigos sobre lo difícil que se ha puesto la cosa en su hogar. Nadie tiene el tiempo o de escuchar semejante cosa, ni tampoco le interesa. Todo el mundo pasa por momentos difíciles. Su pareja tiene que vivir con *usted*, ¿verdad?

Amárrese el cinturón. Actúe como hombre. Como dama, luche y sea valiente.

¿Es usted el único de los vendedores que dice la verdad? ¡Bien hecho! Sígalo haciendo. Dios honra la integridad, que es otra señal de madurez. Cuando las cosas marchen bien producto del esfuerzo de otros, reconózcalo debidamente. Así actúan los adultos que tienen madurez. Es maravilloso cuando se percibe un liderazgo que proviene del corazón de un servidor.

¿POR QUÉ, DIOS?

Uno de los hombres más insignes que jamás haya dirigido un seminario es John Walvoord, quien fuese presidente del Seminario Teológico de Dallas por treinta y cuatro años. Al momento de escribir este libro, tiene noventa y un años de vigor. Celebramos su noventa cumpleaños con una hermosa fiesta. Fue inolvidable. Le cantamos «cumpleaños feliz» con un órgano de viento, con trompeta y un gran «Amén» presbiteriano en nuestra capilla. Fue maravilloso. Estaba de pie con una gran sonrisa, mirando a todos. Cuando lo miraba, me di cuenta del modelo de madurez que él había sido por tantos y tantos años.

Le contaba a alguien esa historia y me dijo: «¿Sabías que George Mueller, cuando tenía setenta y dos años dejó el orfanato a su yerno? El Sr. Mueller luego le dio la vuelta al mundo once veces y estuvo siete veces en Europa. Le predicó el evangelio al zar de Rusia, a los emperadores de China y Japón y a la reina de Dinamarca. A los noventa y cinco años partió a la presencia del Señor mientras se preparaba para predicar la Palabra esa noche». A eso llamo vivir como hombre.

Necesitamos a damas y a caballeros que sirvan a damas y a caballeros en Cristo. Le extiendo una invitación cordial para

Una transfusión de valor

que se una a las filas. Los tiempos que vivimos son difíciles, de modo que requieren de damas y caballeros de mentalidad agresiva pero tiernos de corazón.

¡Vele! ¡Manténgase firme! ¡Madure!

Ahora bien, el último mandato no debe sorprenderlo para nada. Ya debe imaginárselo: ¡Sea valiente!

Observe que no dije: «sea flojo», dije: «sea valiente». Lo podemos expresar de esta otra manera: «esforzaos».

¿Alguna vez ha jugado en un equipo cuyo entrenador no se haya esforzado?

Si fue así, adivine lo que le sucedió durante toda la temporada: ¡perdió!

Los grandes entrenadores son de mentalidad esforzada; atraen personas que hacen lo mejor por ellos. ¡Para ganar es necesario ser valiente, esforzarse!

Si usted es pastor y predica semana tras semana, predique lo que se necesita decir, no lo que los demás quieran que usted diga. Hágalo hasta el día que muera. Manténgase firme aun si no quieren escucharle y finalmente salgan corriendo. Ese es su llamado. Si usted es consejero, sea veraz con las personas que aconseja, aun si no quieren oírle. La verdad libera a las personas.

Suponga que una amiga le dice: «Sabes, tengo que admitirlo. Las cosas no marchan bien entre Juan y yo en el hogar. Creo que nuestro matrimonio está a punto de zozobrar. Pero, ¿sabes qué? Acabo de conocer a alguien en el gimnasio. Qué interesante es. Y es mi tipo de hombre. La verdad es que vamos a cenar mañana en la noche».

Ella cree que está resolviendo su problema, pero usted bien sabe que lo que ella necesita es que alguien la confronte con valentía, con amor.

Ponga su mano sobre su hombro y dígale: «Es lo peor que pudieras hacer. No sabes en lo que te estás metiendo. Las dificultades que estás pasando en tu hogar se multiplicarán».

Si usted es consejero y alguien viene a pedir su opinión sobre algo pecaminoso, no le reste importancia al decir: «Ah, está bien. Te comprendo. Esas cosas suceden. Voy a orar para que todo te salga bien». No. Es tiempo de decir las cosas como son. Dígale a esa persona que deje de hacer lo que está haciendo y ayúdele a buscar la salida correcta. ¡Si dice las cosas con valentía, el resultado positivo no se hará esperar!

Una transfusión de valor

El pecado produce esclavitud. Cuando usted confronta a alguien con la verdad, pero con amor, el resultado es la liberación. Sentimos más libertad si escuchamos la verdad de las Escrituras. No verá los problemas como un callejón sin salida. La Palabra de Dios es una lámpara. Finalmente, puede ver la luz.

Vivimos en un mundo de gente tan pecaminosa que aceptan y pregonan la perversión como algo normal. Y si uno no piensa que la perversión es algo normal está equivocado. ¡Eso es una locura! La Biblia lo llama confusión. Llámelo así usted también. No importa si usted es el único que cree de esa forma. Es parte de hacer lo correcto. Para ser valiente con alguien usted primero tiene que esforzarse y ser valiente consigo mismo.

Hace varios años me paseaba por las estanterías de una vieja y polvorienta librería, y encontré un pequeño libro que trataba de la vida del gran compositor Ludwig van Beethoven. Él era un hombre verdaderamente singular. Compuso algunas de sus mejores obras musicales después de quedarse parcialmente sordo. Después se quedó sordo por completo. Al ir perdiendo la audición, tenía que depender cada vez más de las sensaciones que percibía a través de los dedos. A veces incluso recostaba la frente en el piano para sentir las vibraciones de lo que estaba tocando. En una ocasión, en un momento de frustración, estrelló los puños contra el teclado y exclamó: «¡Voy a agarrar la vida por el cuello!»

Qué gran consejo para la vida. Agárrela por el cuello.

¡Vele! ¡Manténgase firme! ¡Madure! ¡Esfuércese!

Eso es lo que tenemos que hacer como cristianos y como ciudadanos. Ahora es el tiempo de recibir una transfusión de valor. Debemos velar contra el enemigo. Debemos luchar y mantenernos firmes en contra del mal, aun si otros prefieren no hacerlo. Debemos madurar como nación: Permanecer con la frente en alto y actuar como verdaderos hombres y mujeres. Y tenemos que esforzarnos: No ser flojos, no pagando mal por mal, sino valientes. Aceptando el desafío. Agarrando la vida por el cuello. Puestos en pie de lucha. Con la frente en alto. Unidos.

---

[1] Reimpreso por cortesía de Sporst Illustrated: «*A Paragon Rising Above*

Una transfusión de valor

the Madnesss» por Rick Reilly. SI., March 20, 2002. Copyright © 2000, Time, Inc. Reservados todos los drechos.

Once

El último mandamiento

Todas vuestras cosas sean hechas con amor.
—1 Corintios 16.14

UNA VEZ QUE HA IDENTIFICADO AL ENEMIGO, ha recibido las órdenes de marcha y se ha armado de valor, ¿qué? ¿Ataque sorpresivo? ¿Lanzarse al campo de batalla mientras dispara por doquier? ¿Subirse a los aviones y tanques para eliminar la escoria? «¡Vamos, estamos listos! ¿Cuál es el último mandato?» Hay un quinto mandato. Está en el versículo 14. Pensó que lo había pasado por alto, ¿no?

Aquí va el quinto y último: ¡Ame siempre!

¡Hombre! Eso no era lo que esperábamos. Eso no era lo que queríamos hacer. Está bromeando, ¿verdad? «No, hijo.

El último mandamiento

Ama siempre. Esa es la palabra final. Es lo que quiero que hagas. Ama siempre». *Ama siempre.*

Y déjame decirte quiénes necesitan más que nadie de tu amor: tus amigos inconversos. Nuestro problema es que no solo no nos llevamos bien con otros creyentes, sino que tampoco los amamos. Por eso tratamos de verter nuestros distorsionados principios en el valle del mundo perdido para evitar que tomen bebidas alcohólicas, fumen, digan palabras obscenas, jueguen al azar o cualquier otro hábito que se ubique en nuestra lista negra. Y, desde luego, no va a resultar. ¿Por qué? Sencillamente porque al ser inconversos están perdidos. Sí, mi amigo, están perdidos. Me sorprende que más de ellos no hablen más depravadamente. Me sorprende que más de ellos no tengan aventuras extramatrimoniales. ¡Están perdidos! No necesitan que les increpemos con nuestros principios de moralidad. Necesitan que el amor redentor de nuestro Salvador los colme. Que el amor verdadero halle su curso por medio de estos mandatos, y seremos testigos de lo difícil que se le pondrá al enemigo hacer blanco cuando trate de atacarnos.

Estamos unidos en esta lucha. Pero nuestra fortaleza va a

depender de cuán resistente sea usted como eslabón de la cadena. Nuestra vigilancia va a depender de cómo vele con su reloj. Nuestra lucha va a depender de cómo luche usted cuando está solo. Nuestra madurez y sabiduría va a depender de su madurez como individuo. Nuestra firmeza y fortaleza va depender de la medida que usted lo sea cuando enfrente al enemigo.

Y seremos amorosos y cariñosos en la medida que usted lo sea cuando lo rodeen personas que no son ni una cosa ni la otra.

Hablemos de ese amor.

Es la clase de amor que hace que un hombre coloque su pequeño bebé de dos meses en los brazos de otra persona en caso de que el fatídico avión que está abordando no sea usado como bomba volante.

Es la clase de amor que hace que un bombero corra hacia un rascacielos a punto de derrumbarse con la esperanza de rescatar a los que están atrapados adentro, para él mismo ser víctima junto con cientos de otros compañeros bomberos, cuando el edificio cede y se desploma sobre ellos.

El último mandamiento

Es la clase de amor que hace que otro bombero ignore sus heridas y a la vez exclame: «¿Esperabas algo diferente? ¡Soy neoyorquino!» Y luego se derrama en lágrimas al pensar en su difunto compañero, que tenía diez hijos.

Es la clase de amor que produce un convoy de doctores y enfermeras que se dirigen a la ciudad de Nueva York, trasladándose en ambulancias y en sus propios vehículos, sin saber cuánto podían ayudar, pero con la voluntad expresa de hacerlo.

Es la clase de amor que hace que muchas personas en todo la nación donen sangre, porque esa es la única manera que pueden ayudar.

Es la clase de amor que permite a una comunidad como la nuestra echar a un lado sus diferencias y unirse para luchar contra un enemigo común.

Este país, y el mundo libre que nos apoya, está angustiado y estupefacto. Estamos enojados, por razones obvias. Nos han atacado personas que no tienen otro propósito que amedrentarnos, herirnos, incluso hacer que nosotros odiemos su forma de ser. Quizá hacen esto porque no conocen otra manera: personalmente no me importan sus motivos.

¿POR QUÉ, DIOS?

Sé que sea cual sea su objetivo final, ya han fracasado. Intentaron sembrar temor, pero en su lugar cosecharon heroísmo.

Estamos tratando con personas que incluso están dispuestos a morir con el fin de asesinar, así es su odio de intenso. Pero están tratando con un pueblo que está dispuesto a dar su vida para salvar la vida de otras personas que ni siquiera conocen, nuestro amor es así de intenso. Al fin y al cabo, ¿cómo podrán resistir esto?[1]

En el análisis final, es el amor el que nos infunde el valor necesario para destruir al enemigo. Es el amor de Dios que fluye en nosotros como conductores al mundo sumido en el terrorismo, que seca las lágrimas de nuestros ojos, nos hace erguirnos y nos envía como soldados, camaradas y familias, puestos de pie hombro a hombro, brazo a brazo, a favor de lo correcto, de la justicia y la libertad. Es el amor que levanta la bandera de la fe muy en alto y conduce a los corazones heroicos al corazón de la batalla. Es esta clase de amor lo que gana la guerra, no el odio.

El último mandamiento

Es el amor lo que mantiene viva la llama de la fe y la fortaleza, aun cuando nos preguntamos: «¿Por qué, Dios?»
Es el amor —el intrépido, eterno, glorioso, invencible, y glorioso amor— el que vence al enemigo.
Es el amor.
¿No lo percibe? ¿No lo siente?
Es el amor.
Selah.

---

[1] Anónimo, «Hablemos sobre el amor».

Epílogo

El horror del 11 de septiembre de 2001 asediará nuestras mentes y corazones para siempre. Mientras aumenta la cifra de muertos y los reportajes que vemos atestiguan la magnitud del ataque terrorista a los Estados Unidos, no podemos olvidar; no olvidaremos. Estos actos deplorables están impresos indeleblemente en nuestras vidas. Y nosotros, como nación y familia no queremos olvidar. Pero ahora es el momento para ver otras cifras que proceden de Nueva York, Washington y Pennsylvania. Es triste pero en cierto modo alentador el hecho de que la prensa no lo haya reportado aún: La tasa de supervivientes y algunos aspectos positivos de los atentados. Todos necesitamos saberlo ahora.

Epílogo

LOS EDIFICIOS

El Centro Mundial del Comercio [The World Trade Center]

Las torres gemelas del Centro Mundial del Comercio empleaban a más de 50,000 personas. Con la lista de aproximadamente 5,000 desaparecidos al momento de escribir este libro, eso significa que más del 90 % de las personas sobrevivió al ataque. Un 90 % en examen equivale a una A.

El pentágono

Alrededor de 23,000 personas era el blanco del tercer avión que se estrelló en el Pentágono. El último conteo indica que 123 perdieron la vida. Esta es una increíble tasa de supervivencia del 99,5 %. Además, el avión parece que volaba muy bajo para afectar un área mayor del edificio. Además de todo esto, la sección que recibió el impacto fue la primera en la lista de secciones que precisamente se estaba renovando para proteger al pentágono de ataques terroristas. Recientemente se había terminado la etapa de resistencia a explosivos de gran escala, lo cual contribuyó a que un sinnúmero de vidas se salvaran. Este ataque fue trágico, pero fracasó desde el punto de vista estadístico. Además, el lado impactado del edificio fue el lado opuesto donde los oficiales de mayor rango, tanto civiles como militares, tienen sus oficinas.

LOS AVIONES

American Airlines, Vuelo 77

Este boeing 757 que fue estrellado fuera del Pentágono pudo haber transportado a 289 personas; sin embargo, a bordo había solamente 64. Gracias a Dios, el 78 % de los asientos estaba desocupado en este terrible día.

American Airlines, Vuelo 11

Este Boeing 767 pudo haber tenido 351 personas a bordo, pero solo transportaba a 92. Gracias a Dios, el 74 % de los asientos estaba desocupado.

United Airlines, Vuelo 175

Otro Boeing 767 que podía acomodar a 351 personas, solo

Epílogo

llevaba 65 personas a bordo. Afortunadamente el 81 % estaba vacío.

United Airlines, Vuelo 93

Este Boeing 757 fue escenario de una de las historias más alentadoras. Fue el vuelo con menor cantidad de ocupantes de todos los secuestrados, con apenas 45 personas a bordo, de un posible total de 289; el 84 % estaba desocupado. No obstante, estos 45 héroes confrontaron a los atacantes y evitaron un cuarto ataque a otra de nuestras estructuras nacionales y a nuestros líderes, salvando un sinnúmero de vidas en el proceso. Sus nombres serán registrados como luchadores por la libertad en los anales de la historia estadounidense.

En resumen

De un total de 74,280 estadounidenses potenciales que los terroristas intentaron aniquilar, el 93 % sobrevivió o no estuvo presente al momento de producirse los atentados. Esa es una tasa de supervivencia más alta que los ataques al corazón, cáncer de mama, transplante de riñones y transplante de hígados, enfermedades muy comunes con posibilidades de sobrevivir.

Nos apena la pérdida de los que perecieron, al igual que sus valientes familias, amigos y compañeros de trabajo. Y, en honor a su memoria como grandes estadounidenses, rehusamos vivir temerosos por estos y otros terroristas. No van a ganar. ¡Tienen una tasa de fracaso de un 93%! Las posibilidades obviamente están en su contra, porque tenemos al único Dios verdadero de nuestro lado. Que Dios continúe bendiciendo a los Estados Unidos, la patria del libre y el valiente.

Bendición final

Dios tenga misericordia de nosotros, y nos bendiga;
haga resplandecer su rostro sobre nosotros; *Selah*
—Salmo 67.1

Una oración por la calma

Señor, nos reunimos alrededor de nuestro estandarte. Nos inclinamos humildemente ante nuestro gran Dios, que otorga su paz cuando el pánico paraliza a tantos. Eres nuestro refugio, nuestro Kjasá. Graba eso en nuestra mente. Muéstranos cómo pausar y meditar en ello. Haznos recordar tu poder y presencia cuando los cánticos vespertinos se transformen en lágrimas de temor en la noche. Haznos recordar eso cuando nos sentemos para leer los periódicos matutinos. Haznos recordar, gran Dios, que eres nuestro amparo y fortaleza. Haznos recordar, aun cuando no comprendemos el por qué de los acontecimientos, que no tenemos razón de temer, que no tenemos la necesidad de conmovernos, y que nuestro futuro nunca es incierto a tu lado. En el potente nombre de Cristo, nuestro poderoso Señor, Amén.